Impressum
Verlag: BABADADA GmbH, Nedderfeld 112 , 22529 Hamburg
Geschäftsführer / Verlagsleitung: Harald Hof
Druck: Books on Demand GmbH, In de Tarpen 42, 22848 Norderstedt

Imprint
Publisher: BABADADA GmbH, Nedderfeld 112 , 22529 Hamburg, Germany
Managing Director / Publishing direction: Harald Hof
Print: Books on Demand GmbH, In de Tarpen 42, 22848 Norderstedt

colegio
мактаб

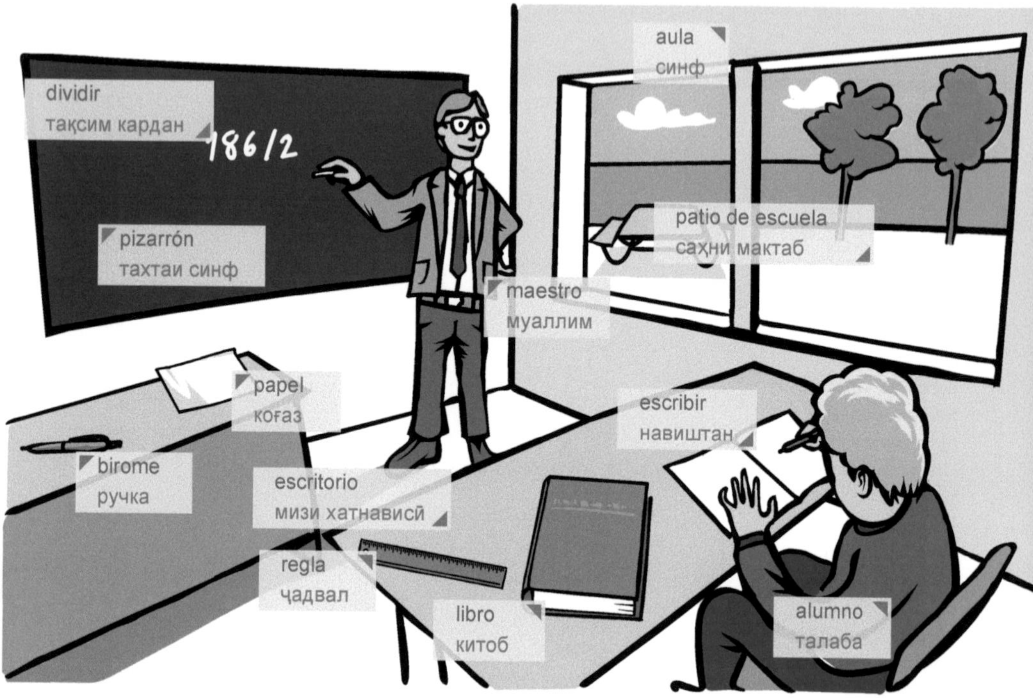
aula
синф
dividir
тақсим кардан
186/2
pizarrón
тахтаи синф
patio de escuela
саҳни мактаб
maestro
муаллим
papel
коғаз
escribir
навиштан
birome
ручка
escritorio
мизи хатнависӣ
regla
ҷадвал
libro
китоб
alumno
талаба

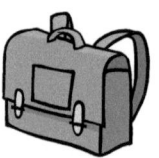

mochila

ҷузвдон

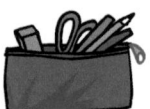

caja de lápices

қаламдон

lápiz

қалам

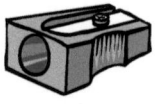

sacapuntas

қаламтезкунак

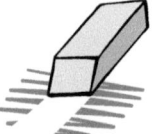

goma (de borrar)

хаткуркунак

bloc de dibujo

блокноти расмкашӣ

dibujo

расм

pincel

мӯқалами рассомӣ

caja de pinturas

қуттии рангҳо

tijera

қайчӣ

pegamento

ширеш

cuaderno de ejercicios

дафтари машқ

tarea

вазифаи хонагӣ

número

рақам

sumar

ҷамъ кардан

restar

кам кардан

multiplicar

зарб задан

calcular

ҳисоб кардан

letra

ҳарф

abecedario

алфавит

palabra

калима

texto

матн

leer

хондан

tiza

бӯр

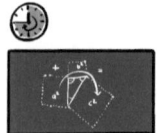

lección

дарс

cuaderno de clase

журнали синфӣ

examen

имтиҳон

certificado

шаҳодатнома

uniforme escolar

либоси мактабӣ

educación

таҳсил/маориф

enciclopedia

энсиклопедия

universidad

донишгоҳ

microscopio

микроскоп (more frequently used)

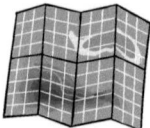

mapa

харита

tacho (de basura)

сабади партофҳои коғазӣ

viaje

саёҳат

hotel
меҳмонхона
Grand
hostel
хобгоҳ
ROOMS
casa de cambio
нуқтаи мубодилаи асъор
EXCHANGE
valija
чамадон
auto
мошин

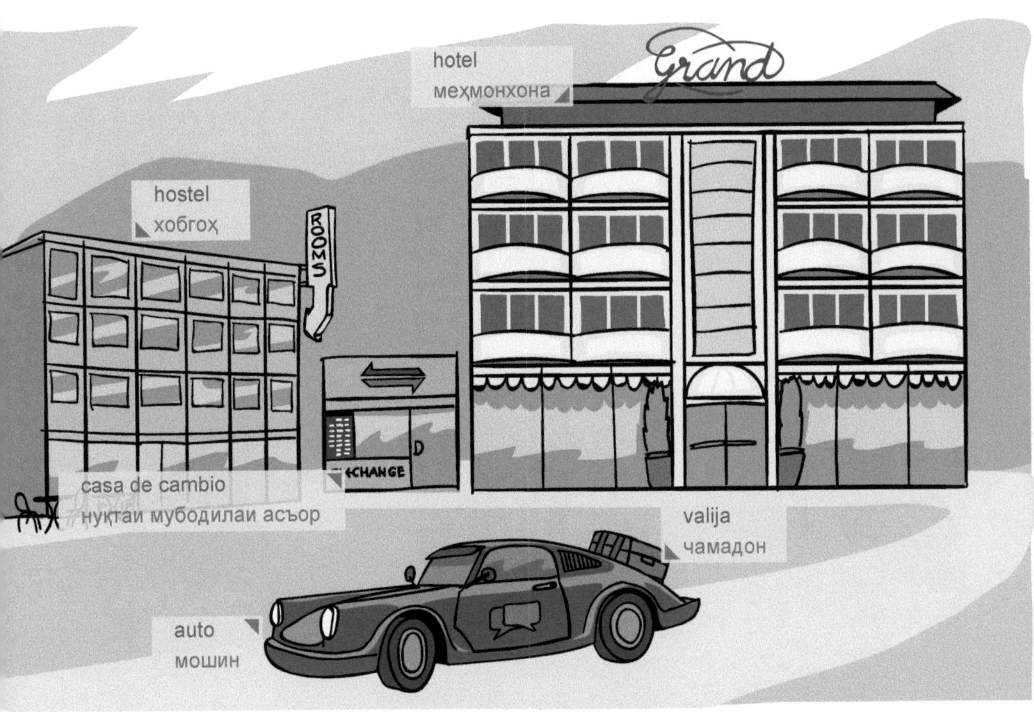

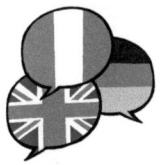

idioma

забон

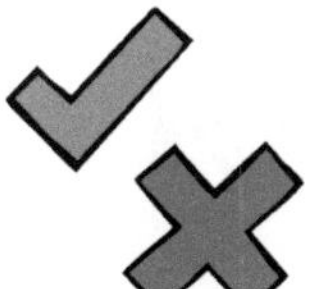

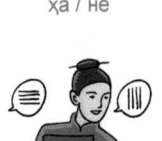

sí / no

ҳа / не

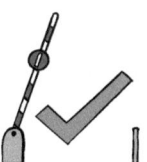

Está bien

Хуб

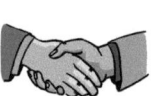

hola

Ассалому алейкум

traductor

тарҷумон

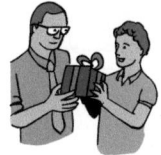

Gracias

Раҳмат

¿cuánto cuesta...?

чӣ қадар аст ...?

No entiendo

Ман намефаҳмам

problema

проблема

¡Buenas tardes!

шаб ба хайр!

¡Buenos días!

субҳ ба хайр

¡Buenas noches!

шаби хуш

adiós

хайр

dirección

равона

equipaje

бағоҷ

bolso

ҷузвдон

mochila

борхалта

invitado

меҳмон

habitación

хона

bolsa de dormir

хобхалта

carpa

хайма

información turística

маълумоти сайёҳӣ

playa

соҳил

tarjeta de crédito

корти кредитӣ

desayuno

наҳорӣ

almuerzo

хӯроки пешин

cena

хӯроки шом

pasaje

чипта

ascensor

лифт

sello

марка

frontera

сарҳад

aduana

Гумрук

embajada

сафорат

visa

раводид

pasaporte

шиноснома

transporte
нақлиёт

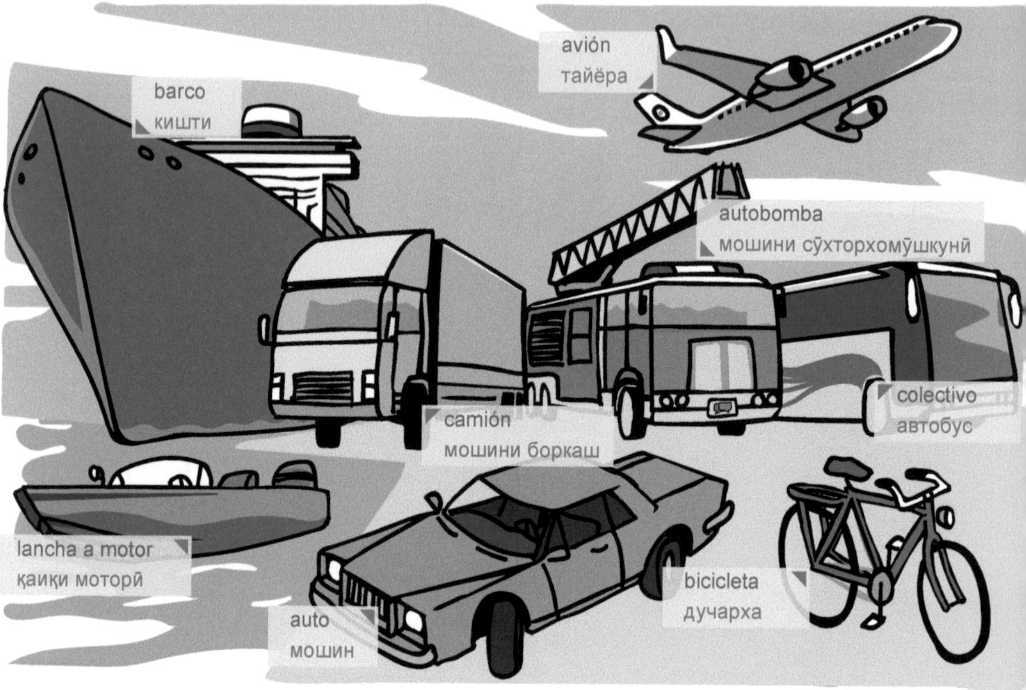

avión
тайёра
barco
кишти
autobomba
мошини сӯхторхомӯшкунӣ
colectivo
автобус
camión
мошини боркаш
lancha a motor
қаиқи моторӣ
bicicleta
дучарха
auto
мошин

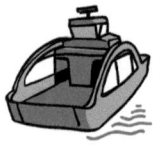

ferry
паром

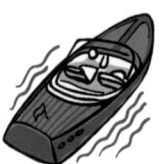

bote
қаиқ

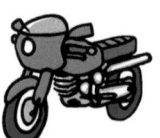

moto
мотосикл

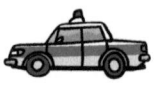

patrullero
мошини полис

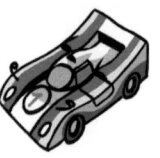

auto de carreras
мошини тезрави пойгаи

auto de alquiler
кирояи мошинҳо

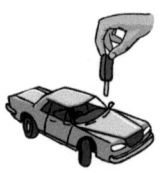

alquiler de autos

ҳамроҳ истифодабарии
мошин

grúa

эвакуатор

camión de basura

павтовчамъкунӣ

motor

муҳаррик

nafta

сӯзишворӣ

estación de servicio

нуқтаи фурӯши сӯзишворӣ

señal de tránsito

аломати роҳ

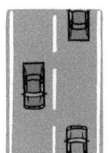

tránsito

ҳаракат

embotellamiento

бандшавии ҳаракати роҳ

estacionamiento

чои исти мошинҳо

estación de tren

истгоҳи роҳи оҳан

vías

роҳи оҳан

tren

қатора

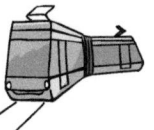

tranvía

тамвай

vagón

вагон

helicóptero

чархбол

aeropuerto

фурудгоҳ

torre

манора

pasajero

мусофир

contenedor

контейнер

caja de cartón

щутии картонӣ

carretilla

ароба

canasta

сабад

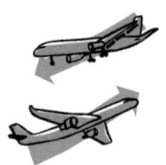

despegar / aterrizar

гирифтан / замин

ciudad

шаҳр

pueblo

деҳа

centro de ciudad

маркази шаҳр

casa

хона

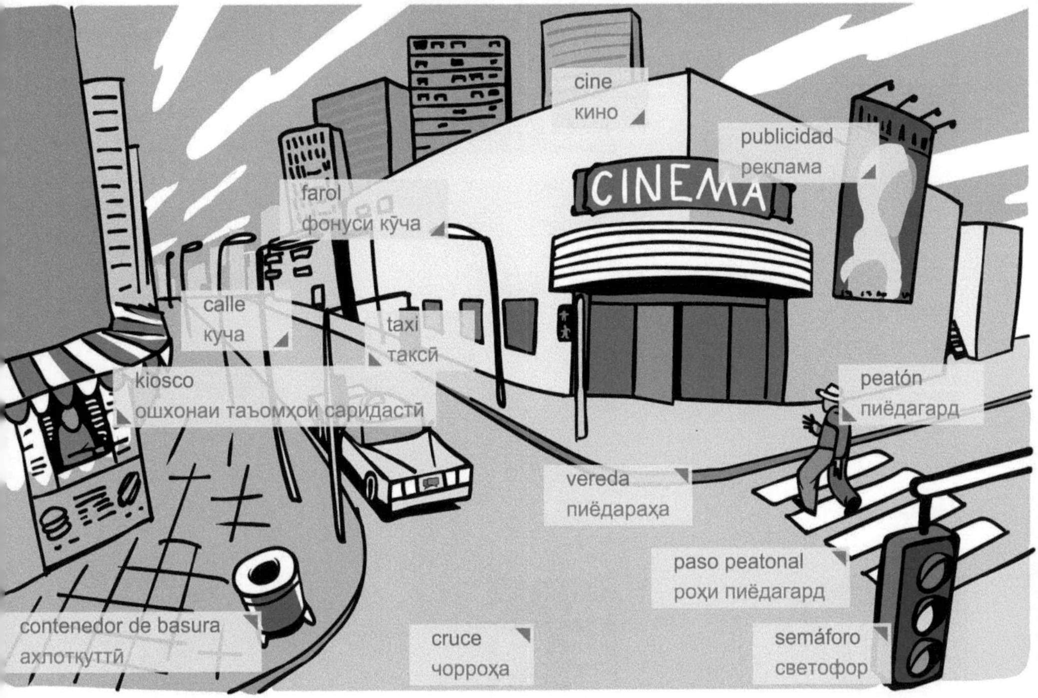

cine
кино

publicidad
реклама

farol
фонуси кӯча

CINEMA

calle
кӯча

taxi
такси

kiosco
ошхонаи таъомхои саридастӣ

peatón
пиёдагард

vereda
пиёдараха

paso peatonal
рохи пиёдагард

contenedor de basura
ахлоткуттӣ

cruce
чоррохa

semáforo
светофор

cabaña

кулба

departamento

хамвор

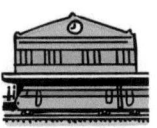

estación de tren

истгохи рохи охан

municipalidad

бинои маъмурияти шахр

museo

осорхона

colegio

мактаб

universidad

донишгоҳ

banco

бонк

hospital

бемористон

hotel

меҳмонхона

farmacia

доухона

oficina

идора

librería

сехи китоб

negocio

сехи

florería

мағозаи гулфурӯшӣ

supermercado

супермаркет

mercado

бозор

grandes tiendas

универмаг

pescadería

мағозаи моҳифурӯшӣ

centro comercial

маркази савдо

puerto

бандар

parque

парк

banco

бонк

puente

пул

escaleras

зинапоя

subte

метро

túnel

нақби

parada del colectivo

истгоҳи автобус

bar

бар

restaurante

тарабхона

buzón

қуттии почта

letrero

аломати номи кӯчаҳо

parquímetro

ҳисобкунаки исти мошинҳо

zoológico

боғи ҳайвонот

pileta

ҳавзи шиноварӣ

mezquita

масҷид

granja

ферма

contaminación

ифлоскунй

cementerio

қабристон

iglesia

калисо

juegos infantiles

майдончаи бозй

templo

маъбад

paisaje
ландшафт

hoja
барг

poste indicador
аломати роҳнамо

camino
роҳ

pradera
алафзор

piedra
санг

excursionista
сайёҳ

árbol
дарахт

río
дарё

hierba
алаф

flor
гул

valle
водй

montaña
кӯҳ

lago
кул

bosque
беша

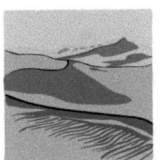

desierto
биёбон

volcán
вулкан

castillo
қалъа

arco iris
рангинкамон

champiñón
занбӯруғ

palmera
дарати нахл

mosquito
хомӯшак

mosca
паридан

hormiga
мурча

abeja
занбур

araña
тортанак

escarabajo

гамбӯсак

rana

қурбоққа

ardilla

санчоб

erizo

хорпушт

liebre

харгӯш

lechuza

бум

pájaro

парранда

cisne

мурғи қу

jabalí

хуки ваҳшй

ciervo

оху

alce

гавазн

presa

сарбанд

aerogenerador

турбина шамол

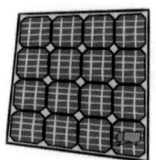

panel solar

панел офтобй

clima

иқлим

restaurante
тарабхона

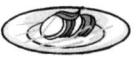

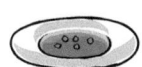

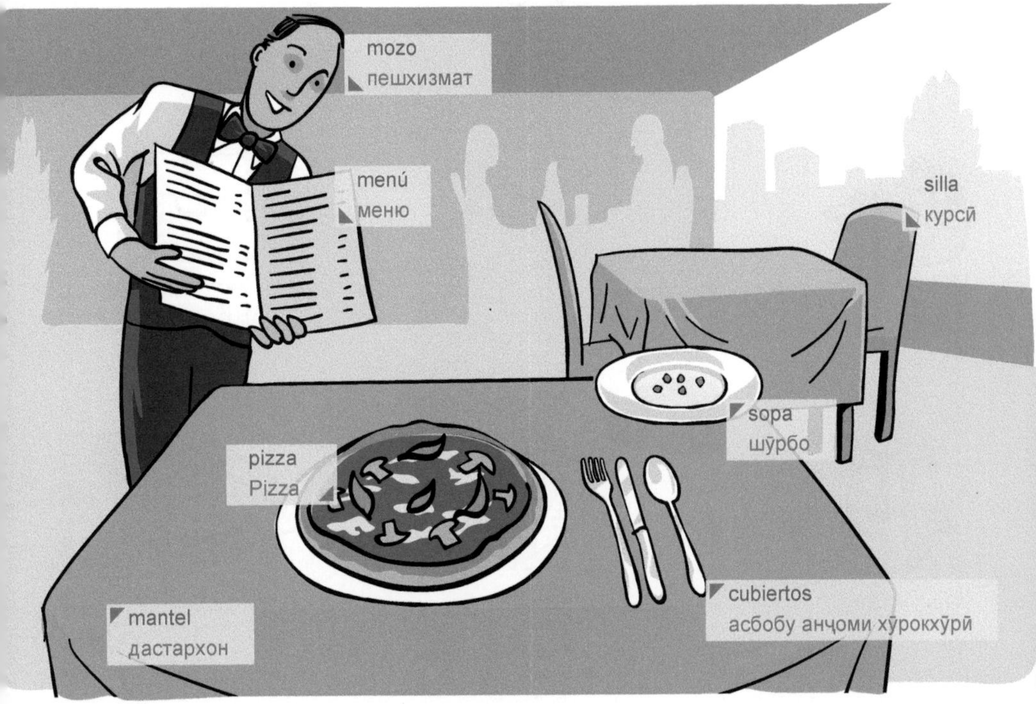
mozo
пешхизмат
menú
меню
silla
курсӣ
sopa
шӯрбо
pizza
Pizza
cubiertos
асбобу анҷоми хӯрокхӯрӣ
mantel
дастархон

entrada

стартер/корандоз

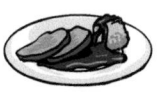

plato principal

хӯроки асосӣ

postre

десерт

bebidas

нӯшокиҳои

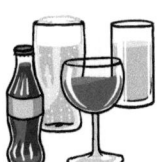

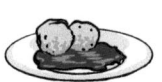

comida

таъом

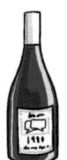

botella

шиша

comida rápida

Хӯроки Тез Таёр мешуда

comida callejera

хӯроки кӯчагӣ

tetera

чойник

azucarera

шакардон

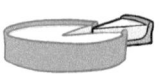

porción

қисм/порча

cafetera expreso

мошини espresso

sillita alta

курсии кӯдакона

cuenta

ҳисоб

bandeja

зарфмонак

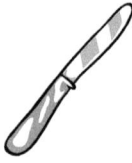

cuchillo

корд

tenedor

чангол

cuchara

қошуқ

cucharita

қошуқча

servilleta

сачоқи қоғазӣ

vaso

истакон

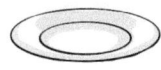

plato

табақча

plato hondo

косача

plato

тақсимча

salsa

соус

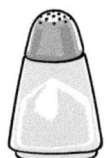

salero

намакдон

molinillo de pimienta

мурчдон

vinagre

сирко

aceite

равғани растанй

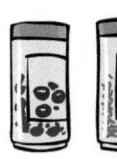

especias

приправа

kétchup

кетчуп

mostaza

хардал

mayonesa

майонез

supermercado

супермаркет

oferta especial
пешниҳоди махсус
FOR
cliente
мизоҷ
lácteos
шир
fruta
мева
changuito
аробача

BUTCHERS

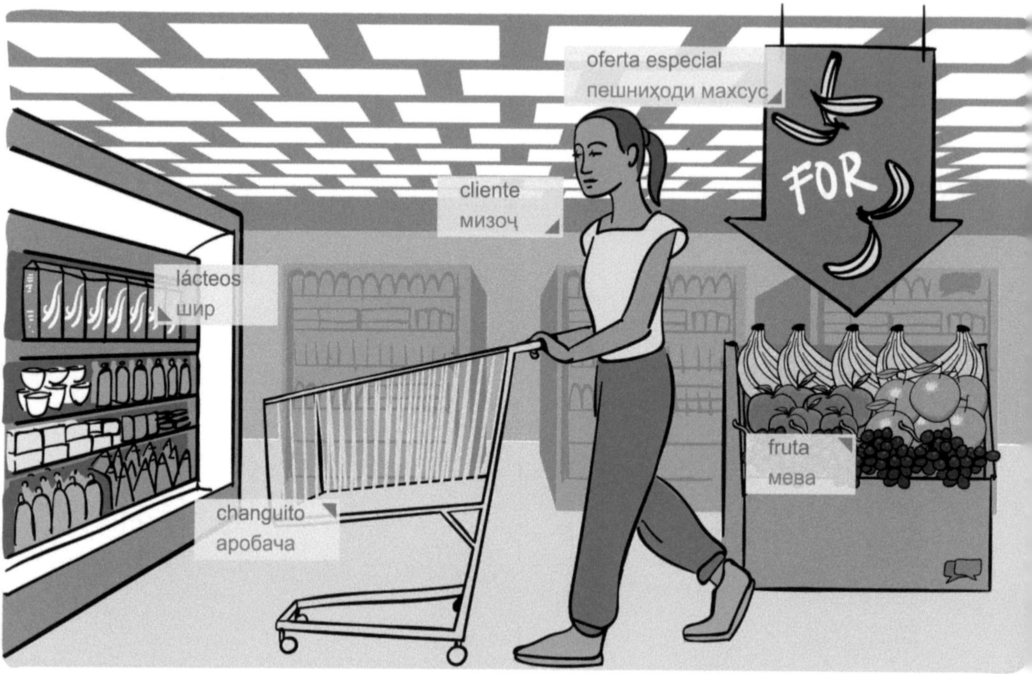

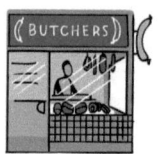

carnicería

дукони гӯштфурӯшӣ

BAKERY

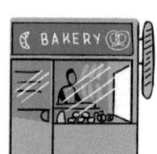

panadería

дукони нонфурӯшӣ

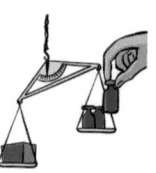

pesar

баркашидан

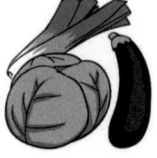

verduras

сабзавот

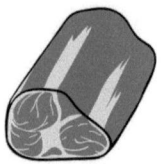

carne

гӯшт

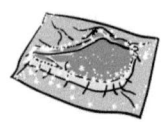

alimentos congelados

хӯроки яхбаста

fiambres

тилимҳои борик буридаи
гушт

alimentos enlatados

озуќаворї
консервонидашуда

detergente en polvo

хокаи либосшӯй

golosinas

ширинӣ

electrodomésticos

асбоби рӯзгор

productos de limpieza

воситаҳои тозакунанда

vendedora

фурӯшанда

caja

касса

cajero

кассир

lista de compras

рӯихати харидкунӣ

horario de atención

соат ифтитоҳи

billetera

ҳамён

tarjeta de crédito

корти кредитӣ

cartera

ҷуздо

bolsa de plástico

пакет

agua

об

jugo

шарбат

leche

шир

bebida cola

кола

vino

шароб

cerveza

оби ҷав

alcohol

машрубот

cacao

какао

té

чой

café

қаҳва

café expreso

эспрессо

cappuccino

каппучино

banana

банан

manzana

себ

naranja

норанҷӣ

melón

харбуза

limón

лимӯ

zanahoria

сабзӣ

ajo

сир

bambú

бамбук

cebolla

пиёз

champiñón

занбӯруғ

nueces

чормағз

fideos

угро

tallarines

спагеттй

arroz

биринҷ

ensalada

салат

papas fritas

картошкаи қоқак

papas fritas

картошкабирён

pizza

Pizza

hamburguesa

гамбургер

sándwich

бутербурод

churrasco

шнитсел

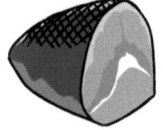

jamón

гӯшти намакардаи хук

salame

ҳасиби салямӣ

salchicha

ҳасиб

pollo

мурғ

asado

кабоб

pescado

моҳӣ

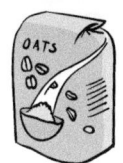

copos de avena

ярмаи чав

muesli

омехтаи ғалладонагӣ

copos de maíz

ярмаи ҷуворимакка

harina

орд

medialuna

кулчақанд

pancito

кулчақанд

pan

нон

tostada

як порча нони бирён

galletitas

кулчачаҳои қандин

manteca

маска

cuajada

творог

torta

пирог

huevo

тухм

huevo frito

тухм бирён

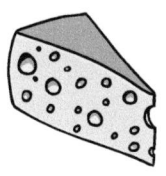

queso

панир

helado

яхмос

azúcar

шакар

miel

асал

mermelada

мураббо

pasta de chocolate

хамираи ҳалво

curry

Curry

granja

ферма

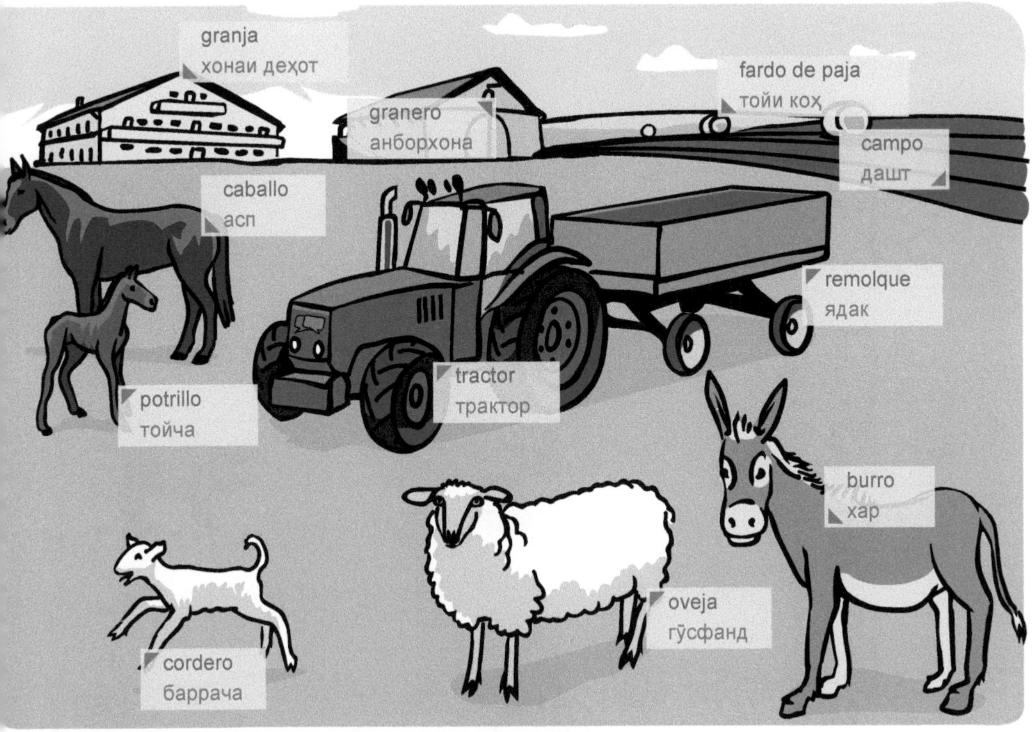
granja
хонаи деҳот
granero
анборхона
fardo de paja
тойи коҳ
campo
дашт
caballo
асп
remolque
ядак
tractor
трактор
potrillo
тойча
burro
хар
oveja
гӯсфанд
cordero
баррача

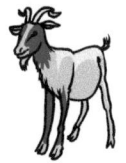

cabra

буз

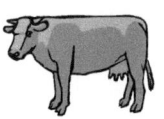

vaca

гов

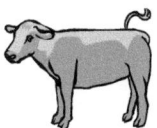

ternero

гӯсола

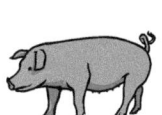

cerdo

хук

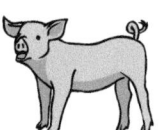

lechón

хукча

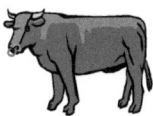

toro

буққа

ganso

қоз

pato

мурғобӣ

pollo

чӯча

gallina

мурғ

gallo

хурӯс

rata

каламуш

gato

гурба

ratón

муш

buey

барзагов

perro

саг

cucha

хоначаи саг

manguera

рӯдаи резинӣ

regadera

камобӣ метавонад

guadaña

дос

arado

сипори шудгоркунии замин

hoz

доси

azada

каланд

horquilla

панҷшоха

hacha

табар

carretilla

ароба

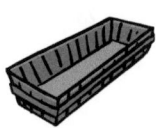

abrevadero

охур

lechera

зарфи ширгирй

bolsa

халта

reja

девор

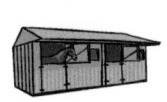

establo

мӯътадил

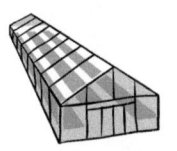

invernadero

гармхона

suelo

хок

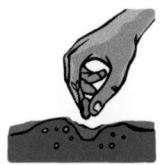

semilla

тухмй

fertilizador

нуриҳо

cosechadora

комбайни ғаллағундорй

cosechar

ҳосил

cosecha

ҳосил

batatas

yams

trigo

гандум

soja

лубиж

papa

картошка

maíz

ҷуворй

semilla de colza

донаи маъсар

árbol frutal

дарахти мева

mandioca

manioc

cereales

ғалладона

casa
хона

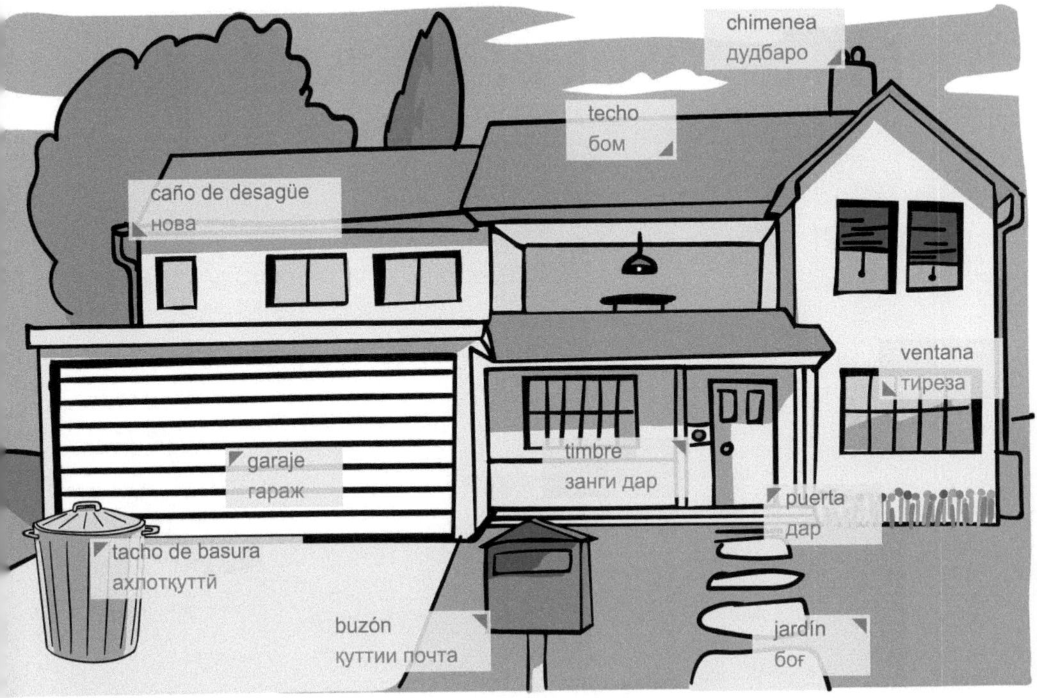

chimenea
дудбаро
techo
бом
caño de desagüe
нова
ventana
тиреза
timbre
занги дар
garaje
гараж
puerta
дар
tacho de basura
ахлотқуттӣ
buzón
қуттии почта
jardín
боғ

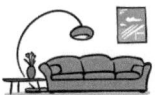

living

мехмонхона

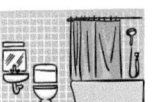

baño

ҳамом

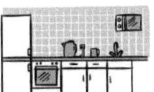

cocina

ошхона

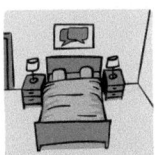

dormitorio

хонаи хоб

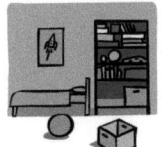

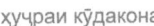

cuarto de los chicos

ҳуҷраи кӯдакона

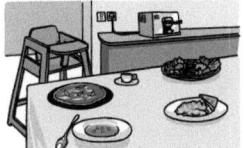

comedor

ошхона

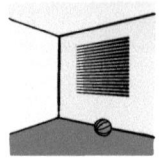

piso

ошёна

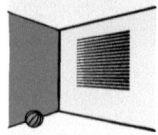

pared

девор

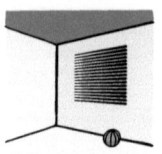

cielorraso

шифт

sótano

тагзаминй

sauna

сауна

balcón

балкон

terraza

суфача

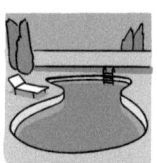

pileta

ҳавз

cortadora de pasto

мошини алафдарав

sábana

варақ

acolchado

кампал

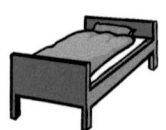

cama

кат

escoba

ҷорӯб

balde

сатил

interruptor

калид

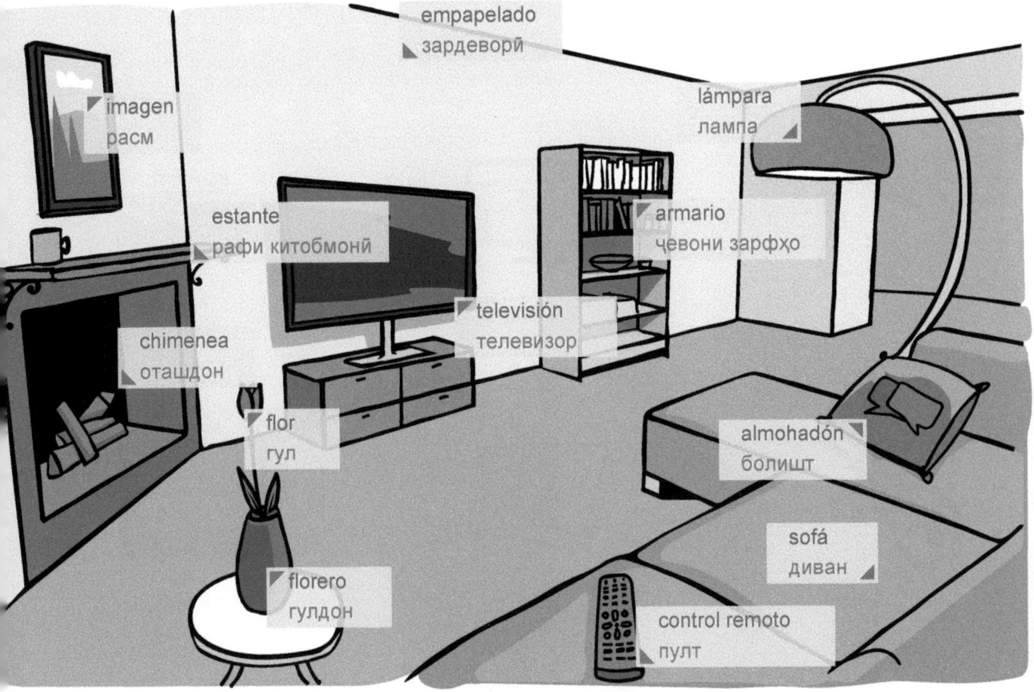

empapelado
зардеворӣ

imagen
расм

lámpara
лампа

estante
рафи китобмонӣ

armario
чевони зарфхо

chimenea
оташдон

televisión
телевизор

flor
гул

almohadón
болишт

sofá
диван

florero
гулдон

control remoto
пулт

alfombra

қолин

cortina

парда

mesa

мизи

silla

курсӣ

mecedora

rocking кафедраи

sillón

курсӣ

libro

китоб

frazada

курпа

decoración

ороиш

leña

ҳезум

película

филм

equipo de música

дастгоҳи hi-fi

llave

калид

diario

рӯзнома

pintura

расм

póster

эълон

radio

радио

cuaderno

китобчаи қайдҳо

aspiradora

чангкашак

cactus

кактус

vela

шам

heladera
яхдон

microondas
тафдон

balanza de cocina
тарозу

tostadora
тостер

detergente
хокаи либосшӯи

freezer
яхдон

horno
оташдон

tacho de basura
ахлоткуттӣ

lavaplatos
зарфшӯяк

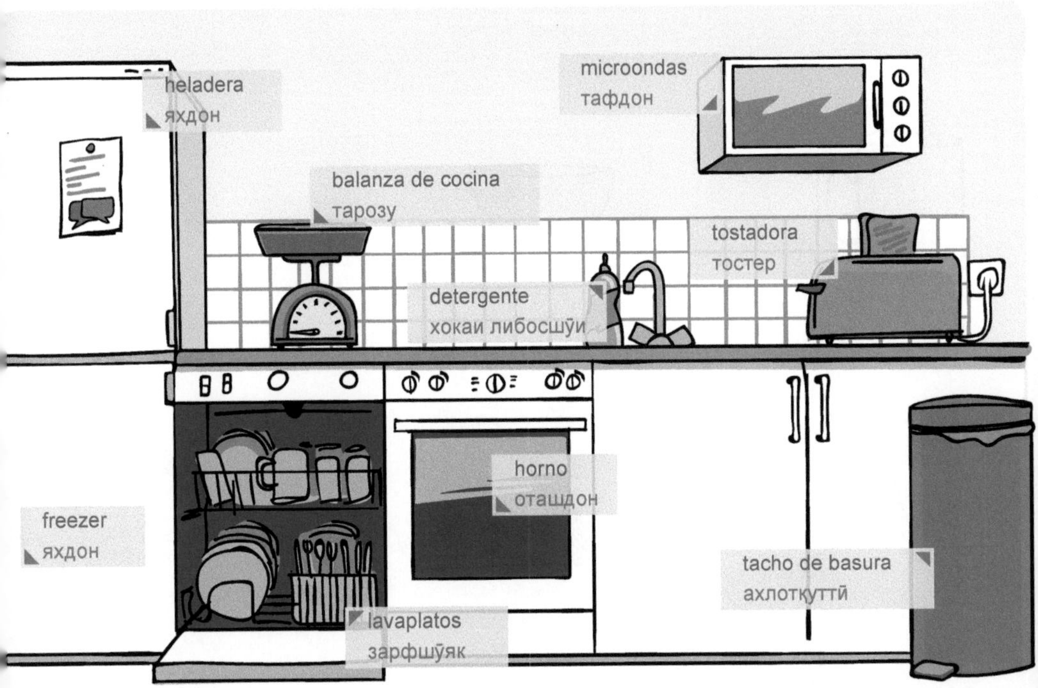

cocina

плита

olla

тубак

olla de hierro fundido

дег

wok

дег / кадй

sartén

тоба

pava

чойник

cocina - ошхона

vaporera

steamer

bandeja de horno

лист

vajilla

зарф

taza

кружка

bol

коса

palitos

чубаки хурокхӯрй

cucharón

кафлези

estpátula

кафлези ҳамвор

batidora

whisk

colador

strainer

colador

элак

rallador

турбтарошак

mortero

миномет

parrilla

Кабоб Кардан

fogata

оташ кушод

tabla de picar

тахтаи резакунй

palo de amasar

чӯба

sacacorchos

пӯккашак

lata

банка

abrelatas

консервокушояк

manopla

дастак

pileta

дастшӯяк

cepillo

чӯтка

esponja

исфанҷ

batidora

блендер

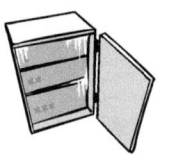

congelador

сармодон

mamadera

шишача

canilla

чумак

baño

ҳамом

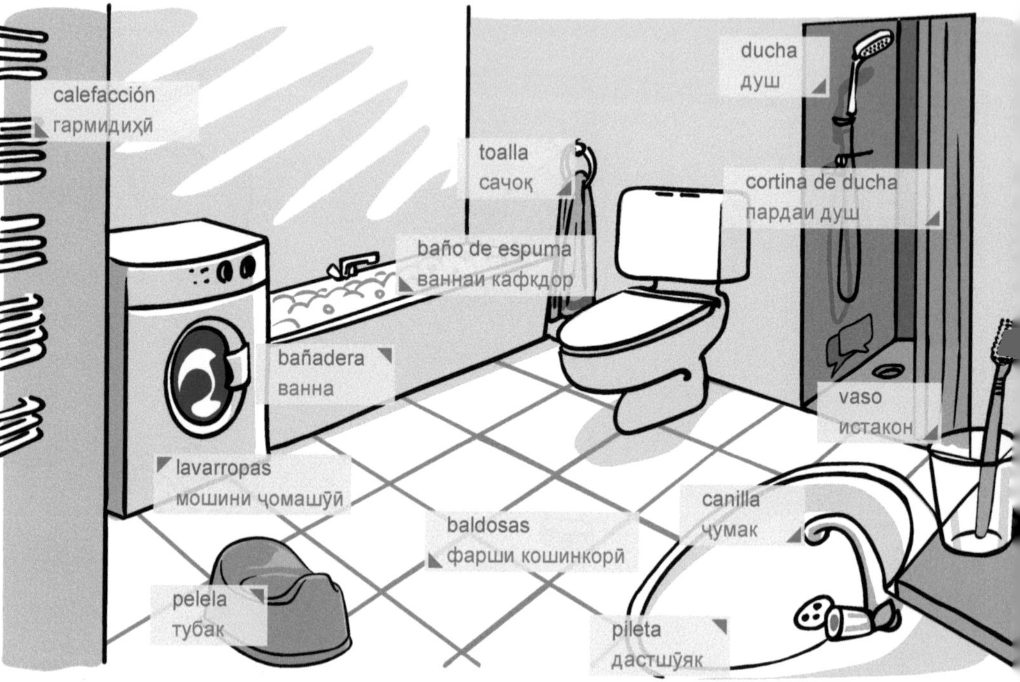

calefacción
гармидиҳӣ
ducha
душ
toalla
сачоқ
cortina de ducha
пардаи душ
baño de espuma
ваннаи кафкдор
bañadera
ванна
vaso
истакон
lavarropas
мошини ҷомашӯӣ
canilla
ҷумак
baldosas
фарши кошинкорӣ
pelela
тубак
pileta
дастшӯяк

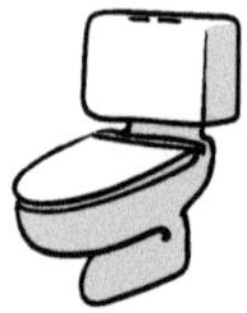

inodoro

ҳоҷатхона

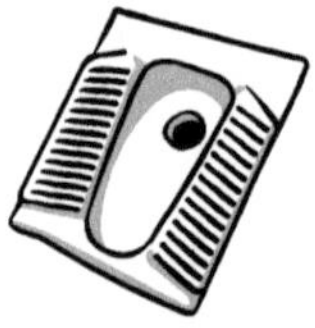

letrina

нишастгоҳи халоҷои рӯйфаршӣ

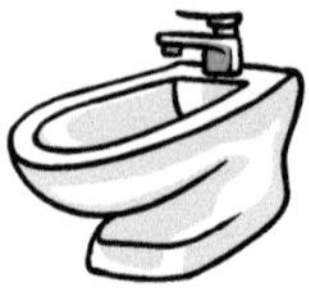

bidé

биде

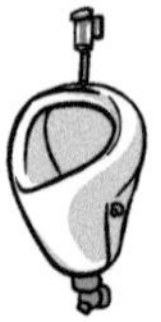

mingitorio

ҳоҷатхонаи мардона

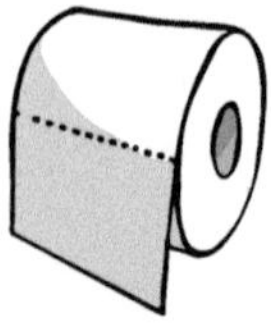

papel higiénico

коғази ташноб

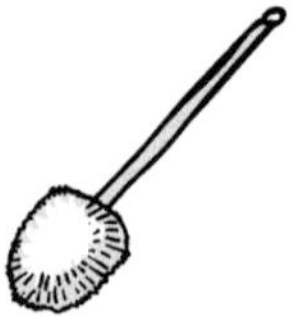

cepillo para el inodoro

чӯткаи ҳоҷатхона

cepillo de dientes

дандоншӯяк

dentífrico

хамираи дандоншӯи

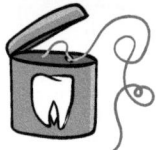

hilo dental

риштаи дандонтозакунӣ

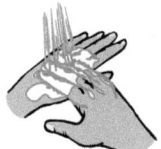

lavar

шӯстан

ducha de mano

души дастӣ

ducha higiénica

обшӯй

palangana

ҳавза

cepillo para espalda

шона кардани мӯй

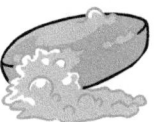

jabón

собун

gel de ducha

гел барои душ

shampoo

шампун

toallita

бумазӣ

desagüe

заҳкаш

crema

крем

desodorante

дезодорант

espejo

оина

espejito

оинаи дастй

maquinita de afeitar

риштарошаки барқи

espuma de afeitar

кафк барои риштарошй

aftershave

оби мушкини баъди риштарошй

peine

шона

cepillo

чӯтка

secador de pelo

мӯйхушкунак

spray

лак барои мӯй

maquillaje

косметика

lápiz de labios

лабсурхкунак

esmalte para uñas

лок барои нохун

algodón

пахта

tijera para uñas

қайчии нохунгирй

perfume

атриёт

portacosméticos

чузвдони косметики

banqueta

қазои ҳоҷат

balanza

тарозу

bata

хилъат

guantes de goma

дастпӯшак резина

tampón

тампон

toallita femenina

дастмоли санитарӣ

baño químico

био-ҳоҷатхона

cuarto de los chicos

ҳуҷраи кӯдакона

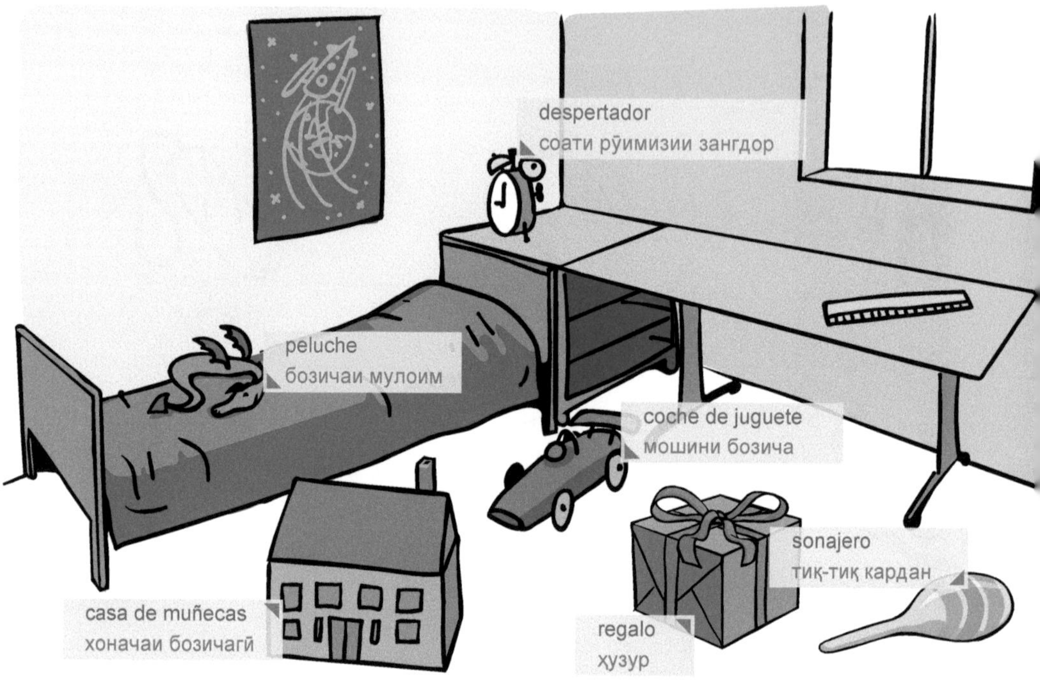
despertador
соати рӯимизии зангдор
peluche
бозичаи мулоим
coche de juguete
мошини бозича
sonajero
тиқ-тиқ кардан
casa de muñecas
хоначаи бозичагӣ
regalo
ҳузур

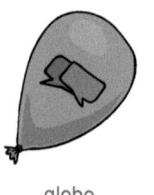

globo

пуфак

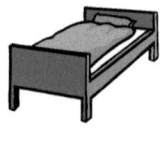

cama

кат

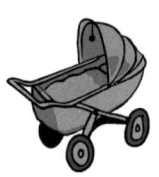

cochecito

аробочаи кудакона

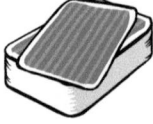

cartas

маҷмӯи кортҳо

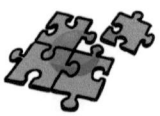

rompecabezas

бозии муамоёбӣ

SUPER
MEGA

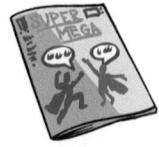

historieta

комикс

piezas de lego

хиштҳои лего

ladrillos de juguete

мағозаи бозичафурӯхтан

figura de acción

рақам амал

enterito (de bebé)

либоси ғаваккашӣ

frisbee

фрисби

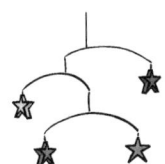

móvil para bebés

мобилӣ

juego de mesa

лавҳачаи бозӣ

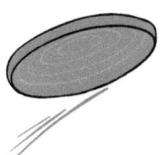

dados

кубик

tren eléctrico

маҷмӯи модели қатора

chupete

пистонак

fiesta

ҳизб

libro de cuentos ilustrado

китоби расм

pelota

тӯб

muñeca

лӯхтак

jugar

бози кардан

arenero

қуттии рег

hamaca

арғунчак

juguetes

бозича

consola de videojuegos

консоли бозиҳои видеой

triciclo

велосипеди сечарха

osito de peluche

хирсаки бахмалии патдор

armario

чевон

ropa

либос

medias

ҷуроб

medias panty

ҷуроби соқбаланд

calzas

колготки

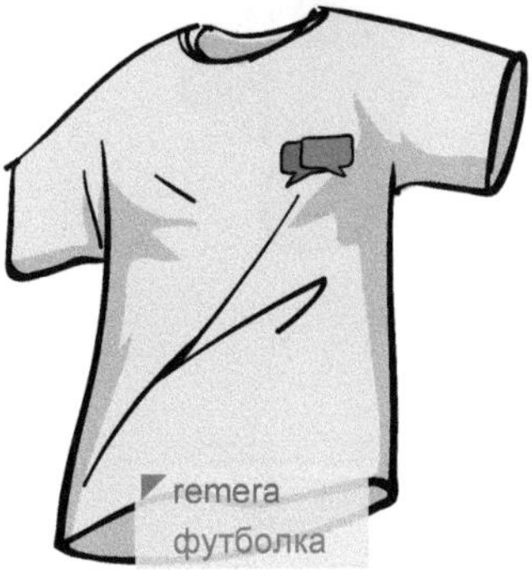

bufanda
гарданпеч

cinturón
тасма

paraguas
чатр

remera
футболка

botas
пойафзол

pantuflas
шиппак

zapatillas
кроссовки

sandalias
....
босоножкй

zapatos
....
пойафзол

botas de goma
....
музаи резинй

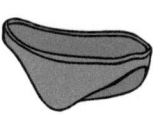

ropa interior
....
турсй

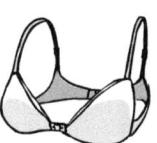

corpiño
....
синабанд

chaleco
....
майка

body

бадан

pantalones

шим

jeans

чинс

pollera

юбка

blusa

куртаи нимтаи занона

camisa

курта

pulóver

свитер

buzo

свитер

blazer

пичак

campera

нимтана

tapado

палто

piloto

плаш

traje

костюм

vestido

куртаи занона

vestido de novia

либос тӯйи

traje

костюм

camisón

куртаи хоб

pijama

пижама

sari

Сари

pañuelo para cabeza

рӯймол

turbante

салла

burka

ниқобу

caftán

кафтан

abaya

абая

traje de baño

либоси обозӣ

short de baño

эзорчаи шиноварии мардона

shorts

шорти

jogging

либоси варзишӣ

delantal

пешбанд

guantes

дастпӯшак

botón

тугма

anteojos

айнак

pulsera

дастпона

collar

гарданбанд

anillo

ангуштарин

aro

гӯшвора

gorra

кулоҳ

percha

либосовезак

sombrero

кулоҳ

corbata

галстук

cierre

занҷирак

casco

тоскулоҳ

tiradores

шимбардор

uniforme escolar

либоси мактабй

uniforme

либоси

babero

пешгир

chupete

пистонак

pañal

подгузник

oficina
идора

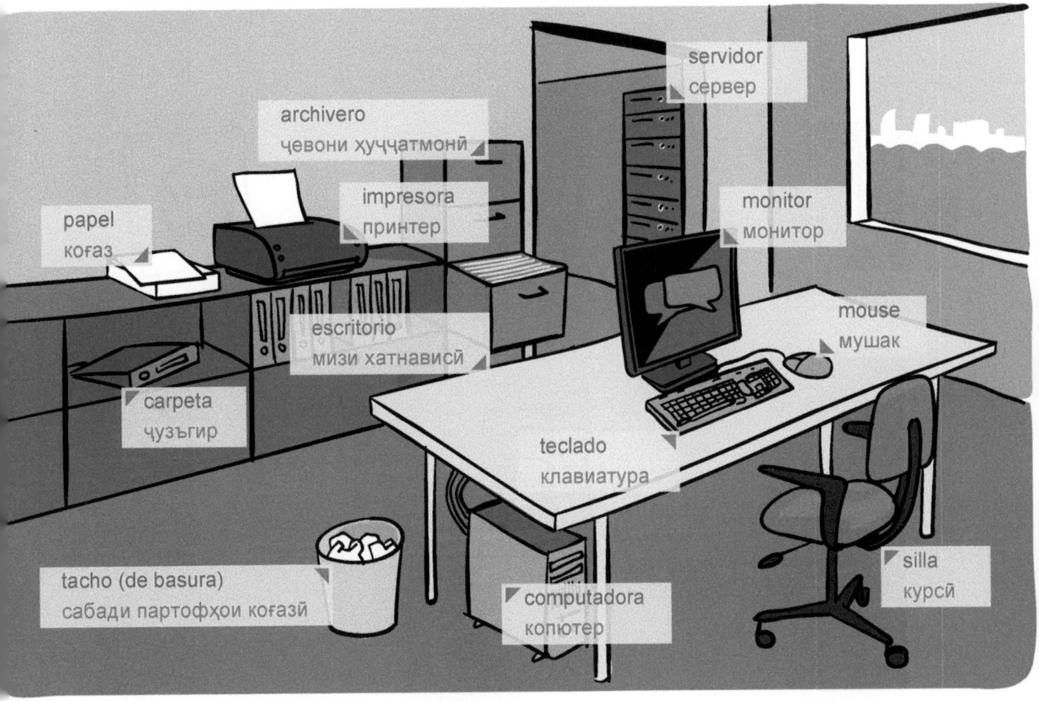

servidor
сервер

archivero
чевони ҳуҷҷатмонӣ

impresora
принтер

monitor
монитор

papel
коғаз

mouse
мушак

escritorio
мизи хатнависӣ

carpeta
ҷузъгир

teclado
клавиатура

tacho (de basura)
сабади партофҳои коғазӣ

silla
курсӣ

computadora
копютер

taza de café

кружкаи қаҳванӯшӣ

calculadora

калкулятор

internet

интернет

laptop

ноутбук

carta

мактуб

mensaje

хабар

celular

телефони мобилӣ

red

шабака

fotocopiadora

нусхабардор

software

нармафзор

teléfono

телефон

tomacorriente

розетка

fax

факс

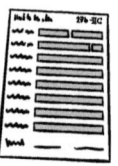

formulario

шакл

documento

ҳуҷҷат

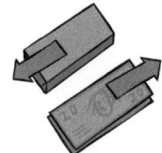

comprar

харидан

pagar

пардохт

hacer negocios

савдо

dinero

пул

 **USD**

dólar

доллар

 **EUR**

euro

евро

 **JPY**

yen

йен

 **RUB**

rublo

рубл

 **CHF**

franco suizo

франки швейцариягӣ

 **CNY**

yuan

юан

 **INR**

rupia

рупӣ

cajero automático

нуқтаи нақд

casa de cambio

нуқтаи мубодилаи асъор

oro

тилло

plata

нуқра

petróleo

равғани растанй

energía

энерги

precio

нарх

contrato

шартнома

impuesto

андоз

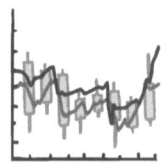

acción

саҳмия

trabajar

кор

empleado

хизматчй

empleador

соҳибкор

fábrica

завод

negocio

сехи

ocupaciones
касбҳо

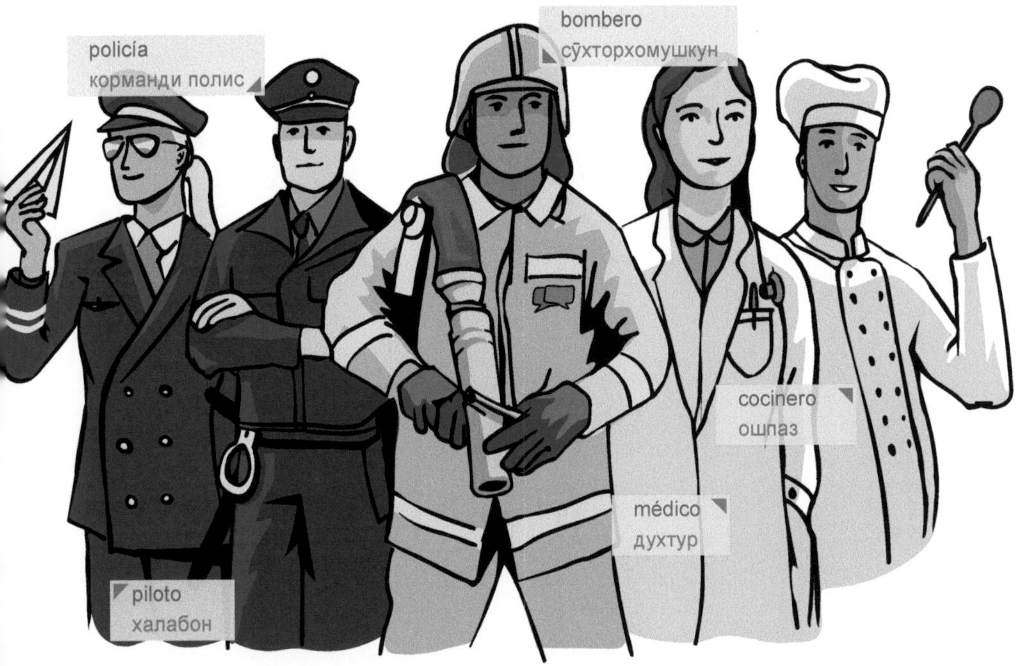
policía
корманди полис
bombero
сӯхторхомушкун
cocinero
ошпаз
médico
духтур
piloto
халабон

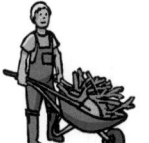

jardinero

боғбон

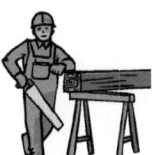

carpintero

чӯбтарош

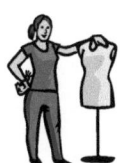

modista

дӯзанда

juez

судя

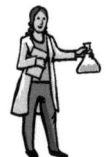

farmacéutico

кимиёшинос

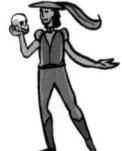

actor

актер

colectivero

ронандаи автобус

taxista

таксист

pescador

моҳигир

mucama

фаррошзан

techista

устои бомпӯш

mozo

пешхизмат

cazador

шикорчӣ

pintor

расом

panadero

нонвой

electricista

барқ

albañil

сохтмончӣ

ingeniero

инженер

carnicero

қассоб

plomero

устои шабакаи об

cartero

хаткашон

soldado

сарбоз

arquitecto

меъмор

cajero

кассир

florista

гулфурӯш

peluquero

сартарош

cobrador

кондуктор

mecánico

механик

capitán

капатан

dentista

духтури дандон

científico

олим

rabino

хохом

imán

имом

monje

шайх

sacerdote

саркоҳин

herramientas

асбобҳо

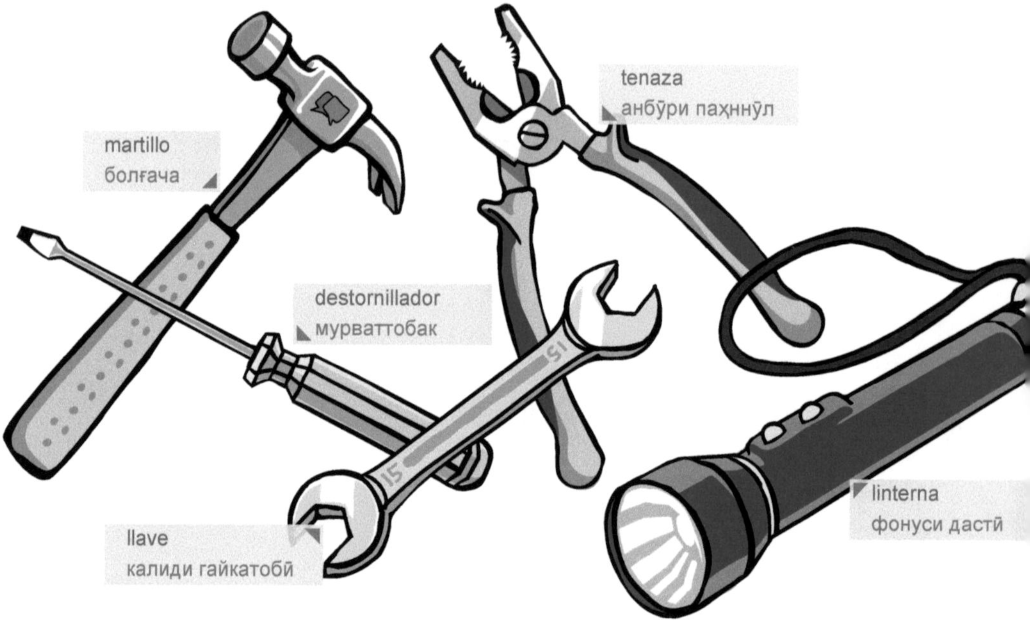
martillo
болғача
tenaza
анбӯри паҳннӯл
destornillador
мурваттобак
linterna
фонуси дастӣ
llave
калиди гайкатобӣ

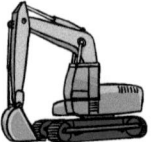

excavadora

экскаватор

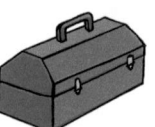

caja de herramientas

қутии асбобҳо

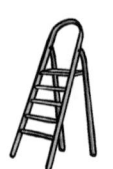

escalera portátil

зинапоя

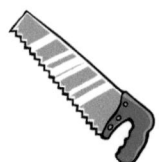

sierra

арра

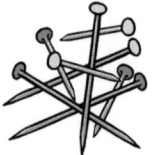

clavos

мехҳо

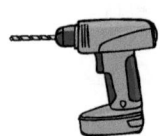

taladro

пармаи электрикӣ

arreglar

таъмир

pala de jardín

бел

¡Qué bronca!

Сабил монад!

pala de plástico

белчаи хокрӯбагирӣ

tacho de pintura

сатили ранг

tornillos

мехи печдор

instrumentos musicales
асбобҳои мусиқӣ

batería
асбоби нақоразанӣ

parlante
динамик

contrabajo
контрабас

trompeta
карнай

guitarra
гитара

piano

пианино

violín

ғиччак

bajo

бас-гитара

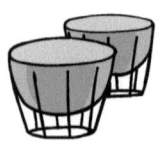

timbales

нақораи поядор

tambor

нақора

teclado

клавиатура

saxofón

саксофон

flauta

най

micrófono

баландгӯяд

zoológico
боғи ҳайвонот

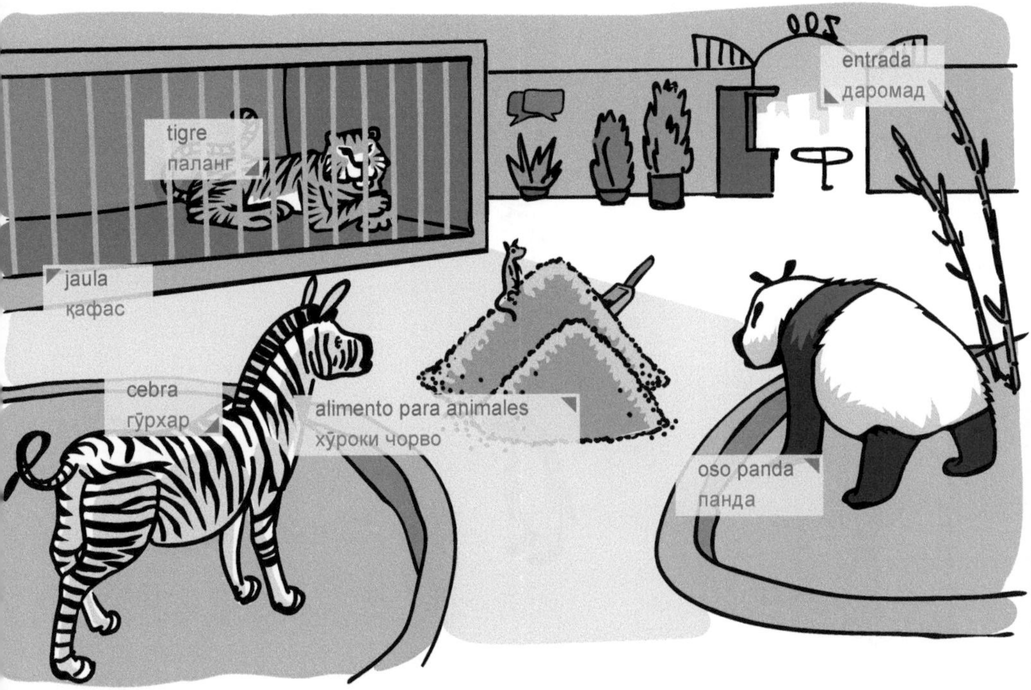
200
entrada
даромад
tigre
паланг
jaula
қафас
cebra
гӯрхар
alimento para animales
хӯроки чорво
oso panda
панда

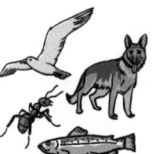

animales

ҳайвонот

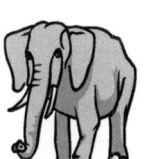

elefante

фил

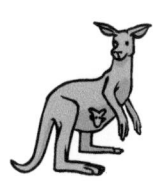

canguro

кенгуру

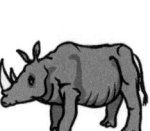

rinoceronte

каркадан

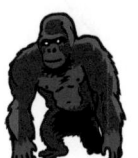

gorila

горилла

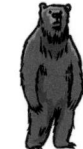

oso

хирси бӯр

camello

шутур

avestruz

шутурмурғ

león

шер

mono

маймун

flamenco

бутимор

loro

тӯти

oso polar

хирси сафед

pingüino

пингвин

tiburón

наҳанг

pavo real

товус

serpiente

мор

cocodrilo

тимсоҳ

cuidador del zoológico

посбон

foca

сил

jaguar

ягуар

poni

аспи кӯтоҳҳад

leopardo

леопард

hipopótamo

баҳмут

jirafa

заррофа

águila

уқоб

jabalí

хуки ваҳшй

pescado

моҳй

tortuga

сангпушт

morsa

морж

zorro

рӯбоҳ

gacela

ғизол/оҳу

fútbol americano
футболи амрикои

ciclismo
велосипедронӣ

tenis
теннис

básquet
баскетбол

natación
шиноварӣ

boxeo
бокс

hockey sobre hielo
хоккей

fútbol
футбол

bádminton
бадмингтон

atletismo
атлетика

handball
гандбол

esquí
лижаронӣ

polo
тӯббозӣ бо асп

reír
ханда

saltar
паридан

abrazar
оғӯш гирифтан

caminar
пиёда рафтан

cantar
шеър хондан

soñar
орзӯ кардан

rezar
ибодат кардан

besar
бӯса кардан

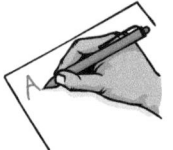

escribir

навиштан

dibujar

кашидан

mostrar

нишон додан

presionar

тела додан

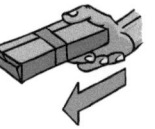

dar

додан

tomar

гирифтан

tener

доранд

hacer

кор

ser

бошад

estar parado

истодан

correr

давидан

tirar

кашидан

tirar

партофтан

caer

афтидан

estar acostado

дароз кашидан

esperar

интизор шудан

llevar

бардошта бурдан

estar sentado

нишастан

vestirse

либос пӯшидан

dormir

хобин

despertar

бедор шудан

actividades - фаъолият

mirar

нигоҳ кардан

llorar

гиря кардан

acariciar

сила кардан

peinar

шона

hablar

гап задан

entender

фаҳмидан

preguntar

пурсидан

escuchar

гӯш кардан

beber

нӯштдан

comer

хӯрдан

ordenar

ғундоштан

amar

ишқ

cocinar

ошпаз

manejar

рондан

volar

парвоз кардан

navegar

бо бодбон ҳаракат кардан

calcular

ҳисоб кардан

leer

хондан

aprender

омӯхтан

trabajar

кор

casarse

оиладор шудан

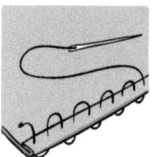

coser

дӯхтан

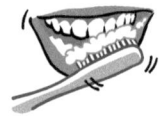

cepillarse los dientes

дадон шӯстан

matar

куштан

fumar

дуд

enviar

фиристодан

abuela
биби

abuelo
бобо

padre
падар

madre
модар

bebé
кӯдак

hija
хоҳар

hijo
писар

invitado

меҳмон

tía

хола

tío

амак

hermano

бародар

hermana

хоҳар

cuerpo

бадан

frente
пешонӣ
ojo
чашм
hombro
китф
dedo
ангушт
cara
рӯй
pera
манаҳ
mano
панҷаи даст
pecho
қафаси сина
pierna
пой
brazo
даст

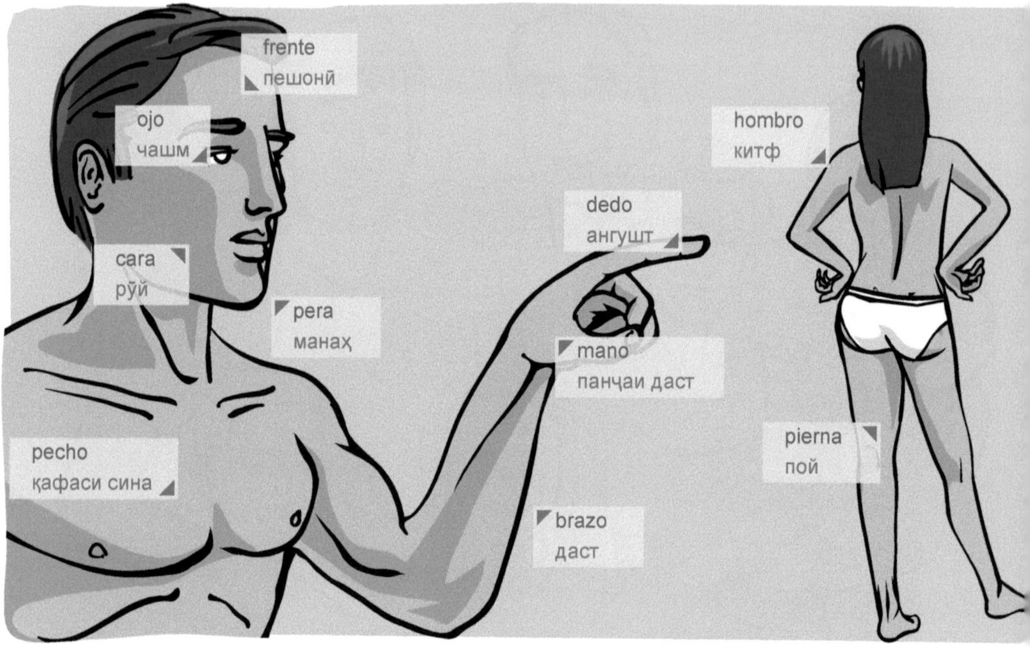

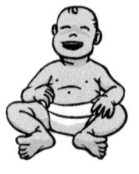

bebé

кӯдак

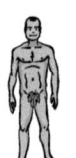

hombre

мард

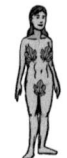

mujer

зан

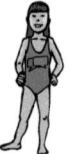

nena

духтар

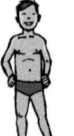

nene

писар

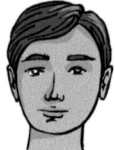

cabeza

сар

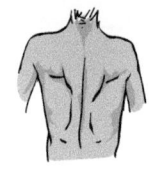

espalda

пушт

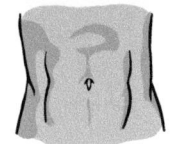

panza

шикам

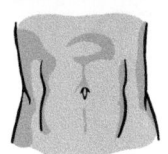

ombligo

ноф

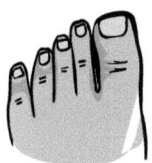

dedo del pie

ангушти пой

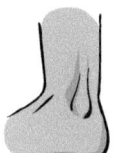

talón

пошнаи пой

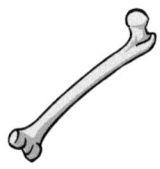

hueso

устухон

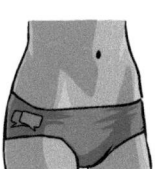

cadera

рон

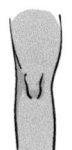

rodilla

зону

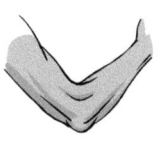

codo

оринҷ

nariz

бинй

cola

таг

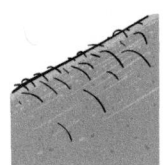

piel

пӯст

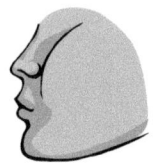

cachete

рухсора

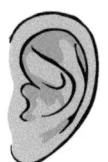

oreja

гӯш

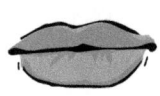

labio

лаб

boca

даҳон

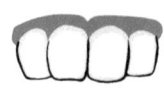

diente

дадон

lengua

забон

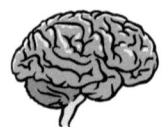

cerebro

майнаи сар

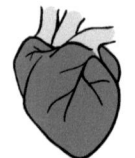

corazón

дил

músculo

мушак

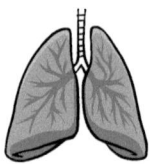

pulmón

шуш

hígado

ҷигар

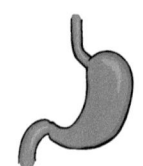

estómago

меъда

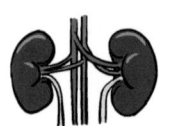

riñones

гурдаҳо

sexo

алоқаи ҷинсӣ

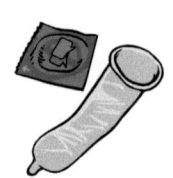

preservativo

рифола

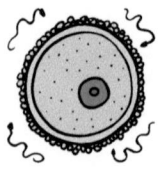

óvulo

тухмҳуҷайра

semen

нутфа

embarazo

ҳомиладорӣ

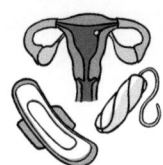

menstruación

ҳайз

vagina

маҳбал

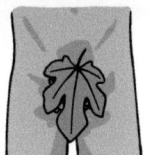

pene

кер

ceja

абрӯ

pelo

мӯй

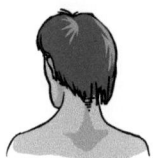

cuello

гардан

hospital
бемористон

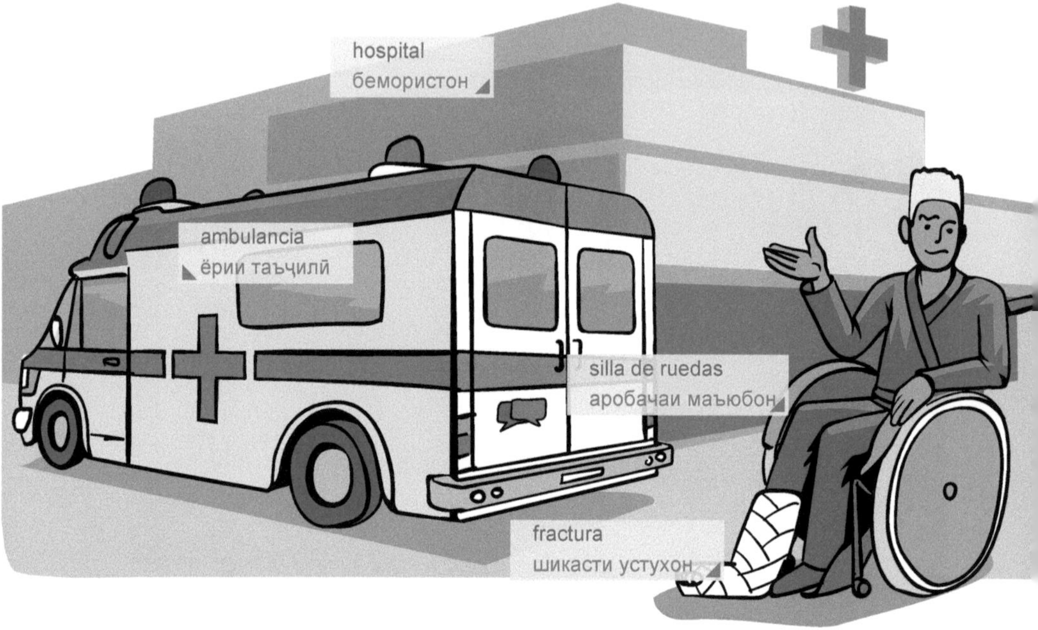

hospital
бемористон
ambulancia
ёрии таъҷилӣ
silla de ruedas
аробачаи маъюбон
fractura
шикасти устухон

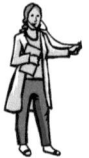

médico

духтур

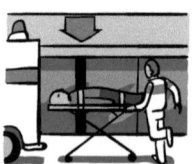

sala de guardia

ҳуҷраи ёрии фаврӣ

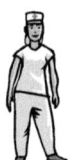

enfermera

ҳамшираи тиббӣ

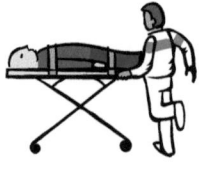

emergencia

ҳолати фавқулодда

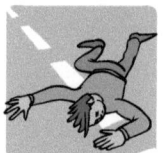

inconsciente

беҳуш

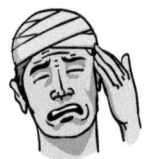

dolor

дард

lesión

чароҳат

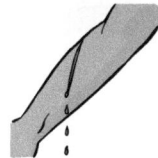

hemorragia

хунравӣ

infarto

дилзанак

ACV

сактаи майна

alergia

аллергия

tos

сулфа

fiebre

табларза

gripe

грипп

diarrea

шикамравӣ

dolor de cabeza

сардард

cáncer

саратон

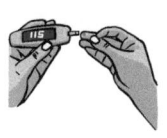

diabetes

диабет

cirujano

ҷарроҳ

bisturí

скалпел

operación

ҷарроҳӣ

TC

Томографияи компютерй

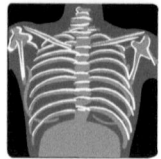

rayos x

шӯъои ренгенй

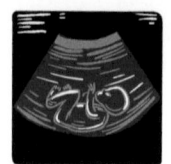

ecografía

ултрасадо

barbijo

ниқоби рӯй

enfermedad

беморй

sala de espera

ҳучраи интизорй

muleta

асобағал

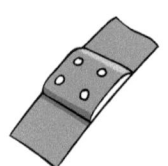

curita

марҳам

venda

дока

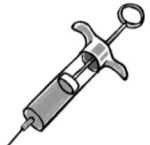

inyección

сӯзандору

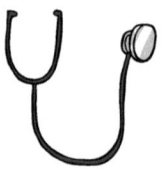

estetoscopio

стетоскоп

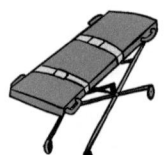

camilla

занбар

termómetro

ҳароратсанч

nacimiento

таваллуд

sobrepeso

вазни зиёдатй

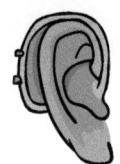

audífono

тачхизоти шунавой

desinfectante

моддаи безараргардонй

infección

инфексия

virus

вирус

VIH / SIDA

ВИЧ / СПИД

remedio

дору

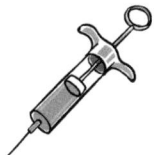

vacunación

ваксинатсия

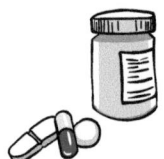

comprimidos

хабхо

pastilla anticonceptiva

хаб

llamada de emergencia

занги изтирорй

tensiómetro

монитори фишори хун

enfermo / sano

бемор/солим

¡Ayuda!

Кумак!

alarma

ҳушдор

agresión

ҳучум

ataque

ҳамла

peligro

хатар

salida de emergencia

баромадгоҳи таҳлиявӣ

¡Fuego!

Сӯхтор!

matafuego

оташнишон

accidente

садама

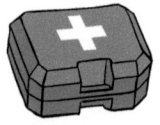

botiquín de primeros
auxilios

доруқуттӣ

SOS

бонги хатар

policía

полис

Europa

Аврупо

América del Norte

Америкаи Шимолй

América del Sur

Америкаи Ҷанубй

África

Африка

Asia

Осиё

Australia

Австралия

Atlántico

Уқёнуси Атлантик

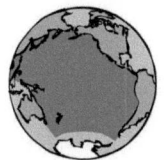

Pacífico

Уқёнуси Ором

Océano Índico

Уқёнуси Ҳинд

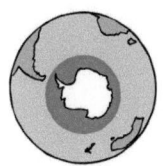

Océano Antártico

Уқёнуси Антарктика

Océano Ártico

Уқёнуси Арктика

polo norte

Қутби шимол

polo sur

Қутби ҷануб

Antártida

Антарктика

Tierra

замин

tierra

замин

mar

баҳр

isla

ҷазира

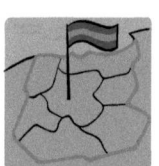

nación

миллат

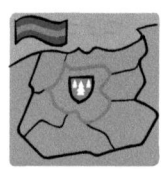

estado

давлат

esfera

сиферблат

manecilla de las horas

ақрабаки соат

minutero

ақрабаки дақиқашумор

segundero

ақрабаки сонияшумор

¿Qué hora es?

Соат чанд?

día

рӯз

hora

замон

ahora

ҳозир

reloj digital

соати электронӣ

minuto

лаҳза

hora

соат

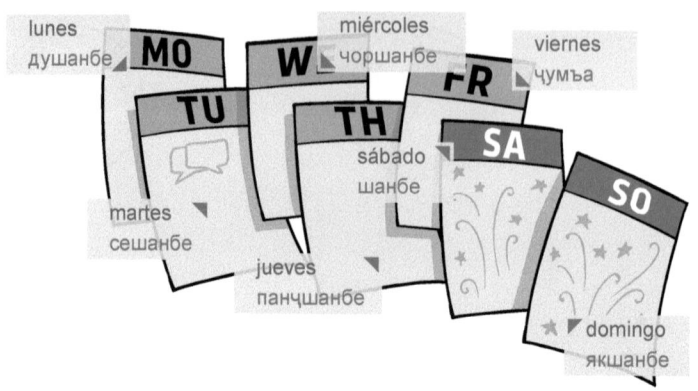

lunes
душанбе

miércoles
чоршанбе

viernes
чумъа

MO

TU

W

TH

FR

SA

SO

sábado
шанбе

martes
сешанбе

jueves
панчшанбе

domingo
якшанбе

ayer

дирӯз

hoy

имрӯз

mañana

фардо

mañana

пагоҳирӯзӣ

mediodía

нимрӯз

tarde

шом

MO	TU	WE	TH	FR	SA	SU
1	2	3	4	5	6	7
8	9	10	11	12	13	14
15	16	17	18	19	20	21
22	23	24	25	26	27	28
29	30	31	1	2	3	4

días hábiles

рӯзҳои корӣ

MO	TU	WE	TH	FR	SA	SU
1	2	3	4	5	6	7
8	9	10	11	12	13	14
15	16	17	18	19	20	21
22	23	24	25	26	27	28
29	30	31	1	2	3	4

fin de semana

истироҳат

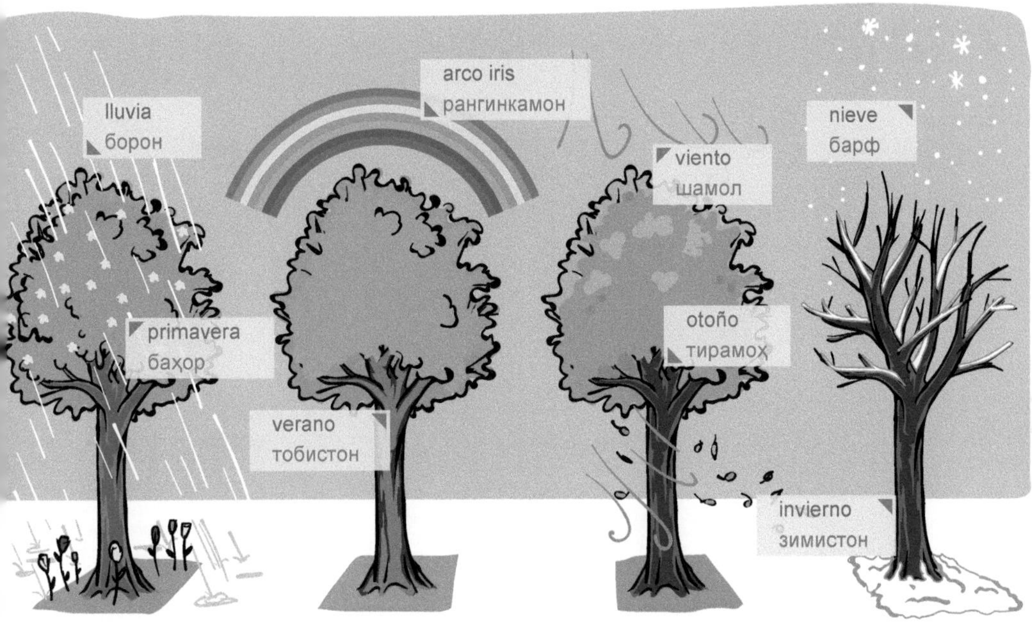

lluvia
борон
arco iris
рангинкамон
nieve
барф
viento
шамол
primavera
баҳор
otoño
тирамоҳ
verano
тобистон
invierno
зимистон

4.APRIL 11°
5.APRIL 4°
6.APRIL 13°
7.APRIL 8°
8.APRIL 10°

pronóstico meteorológico

Обу ҳаво

F C
120 40
90 30
60 20
30 10
0 0
-30 -10
-20

termómetro

ҳароратсанҷ

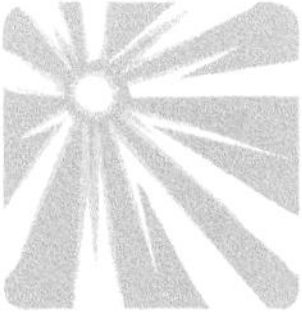

luz del sol

равшании офтоб

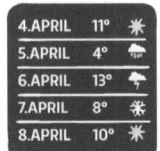

nube

абр

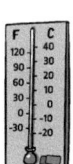

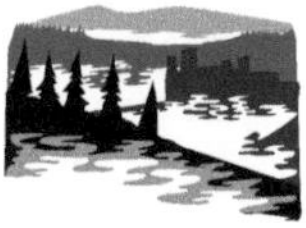

niebla

туман

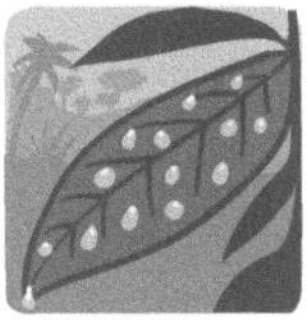

humedad

намнок

rayo

барқ

trueno

тундар

tormenta

тӯфон

granizo

жола

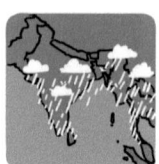

monzón

муссон

inundación

обхезӣ

hielo

ях

enero

январ

febrero

феврал

marzo

март

abril

апрел

mayo

май

junio

июн

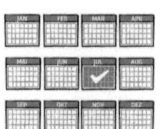

julio

июл

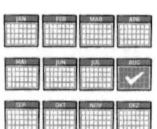

agosto

август

año - сол

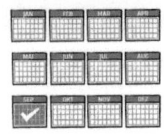

septiembre
....
сентябр

octubre
....
октябр

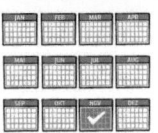

noviembre
....
нояб

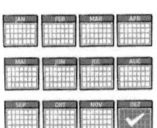

diciembre
....
декабр

formas

баст

círculo
....
давра

cuadrado
....
мураббаъ

rectángulo
....
росткуньа

triángulo
....
секуньа

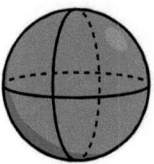

esfera
....
соньаи

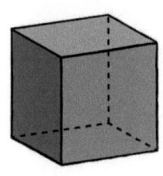

cubo
....
мукааб

blanco

гулобй

amarillo

хокистаранг

naranja

зард

rosa

бунафшранг

rojo

сурх

violeta

қаҳваранг

azul

кабуд

verde

сиёҳ

marrón

кабуд

gris

сафед

negro

сабз

mucho / poco

бисёр/кам

enojado / tranquilo

хашмгин / ором

lindo / feo

зебо/безеб

principio / fin

оғози / охири

grande / chico

калон/хурд

claro / oscuro

дурахшон / торик

hermano / hermana

бародари / хоҳар

limpio / sucio

тоза/чиркин

completo / incompleto

пурра / нопурра

día / noche

рӯзи / шаб

muerto / vivo

мурдагон / зинда

ancho / angosto

кушод/танг

comestible / no comestible

хӯрданӣ /
хӯрданашаванда

malo / amable

бад/нек

entusiasmado / aburrido

ба ҳаяҷон / дилгир

gordo / flaco

ғавс/борик

primero / último

якум/охирин

amigo / enemigo

Дӯсти / душмани

lleno / vacío

пур/холӣ

duro / blando

сахт/мулоим

pesado / liviano

вазнин/сабук

hambre / sed

гуруснагӣ / ташнагӣ

enfermo / sano

бемор/солим

ilegal / legal

ғайриқонунӣ / ҳуқуқӣ

inteligente / estúpido

соҳибақл / беақл

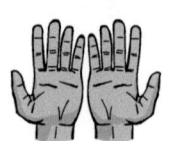

izquierda / derecha

рост/чап

cerca / lejos

наздик/дур

nuevo / usado

нави / истифода бурда мешавад

nada / algo

ҳеҷ / чизе

viejo / joven

пир/ҷавон

encendido / apagado

оид / хомӯш

abierto / cerrado

кушода/пӯшида

silencioso / ruidoso

паст/баланд

rico / pobre

бой/камбағал

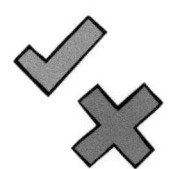

correcto / incorrecto

дуруст/нодуруст

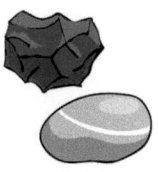

áspero / suave

дурушт/ҳамвор

triste / contento

ғамгин/хушбахт

corto / largo

кӯтоҳ/дароз

lento / rápido

оҳиста/тез

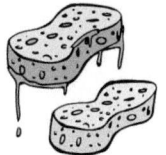

mojado / seco

тар/хушк

caliente / frío

гарм / сард

guerra / paz

ҷанг / сулҳ

0

cero

нол

1

uno

як

2

dos

ду

3

tres

се

4

cuatro

чор

5

cinco

панҷ

6

seis

шаш

7

siete

ҳафт

8

ocho

ҳашт

9

nueve

нӯҳ

10

diez

даҳ

11

once

ёздаҳ

12
doce

дувоздаҳ

13
trece

сенздаҳ

14
catorce

чордаҳ

15
quince

понздаҳ

16
dieciséis

шонздаҳ

17
diecisiete

ҳабдаҳ

18
dieciocho

ҳаждаҳ

19
diecinueve

нуздаҳ

20
veinte

бист

100
cien

сад

1.000
mil

ҳазор

1.000.000
millón

миллион

inglés

англисӣ

inglés americano

англисии амрикой

chino mandarín

мандарини хитой

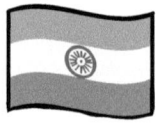

hindi

ҳиндӣ

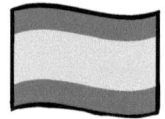

español

испанӣ

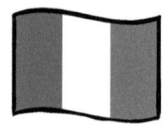

francés

фаронсавӣ

árabe

арабӣ

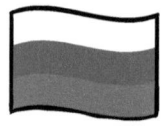

ruso

русӣ

portugués

португалӣ

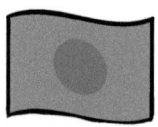

bengalí

бенгалӣ

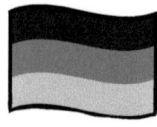

alemán

олмонӣ

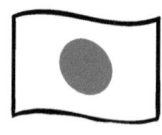

japonés

ҷопонӣ

yo

ман

vos

шумо

él / ella

Ӯ / вай / он

nosotros

мо

ustedes

шумо

ellos

онхо

¿quién?

ки?

¿qué?

чй?

¿cómo?

Чй хел?

¿dónde?

дар кучо?

¿cuándo?

кай?

nombre

ном

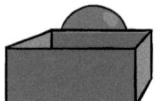

detrás

аз паси

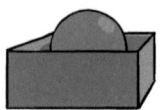

en

дар

adelante de

дар пеши

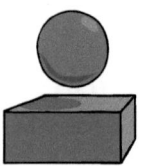

por encima de

дар болои

sobre

дар рӯи

debajo de

дар зери

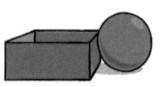

al lado de

дар назди

entre

миёни

lugar

ҷой